Pierre Kropotkine

Communisme et anarchie

suivi de : Le Principe anarchiste

ISBN : 978-1517551728

10 9 8 7 6 5 4 3 2 1

Pierre Kropotkine

Communisme et anarchie

suivi de : *Le Principe anarchiste*

Table de Matières

Communisme et anarchie

L'importance de la question a à peine besoin d'être rappelée. Beaucoup d'anarchistes et de penseurs en général, tout en reconnaissant les immenses avantages que le communisme peut offrir à la société, voient dans cette forme d'organisation sociale un danger pour la liberté et le libre développement de l'individu. D'autre part, prise dans son ensemble, la question rentre dans un autre problème, si vaste, posé dans toute son étendue par notre siècle : la question de l'Individu et de la Société.

Le problème a été obscurci de diverses façons. Pour la plupart, quand on a parlé de communisme, on a pensé au communisme plus ou moins chrétien et monastique, et toujours autoritaire, qui fut prêché dans la première moitié de ce siècle et mis en pratique dans certaines communes. Celles-ci, prenant la famille pour modèle, cherchaient à constituer « la grande famille communiste », à « réformer l'homme », et imposaient dans ce but, en plus du travail en commun, la cohabitation serrée en famille, l'éloignement de la civilisation actuelle, l'isolement, l'intervention des « frères » et des « sœurs » dans toute la vie psychique de chacun des membres.

En outre, distinction suffisante ne fut pas faite entre les quelques communes isolées, fondées à maintes reprises pendant ces derniers trois ou quatre siècles, et les communes nombreuses et fédérées qui pourraient surgir dans une société en voie d'accomplir la révolution sociale.

Il faudra donc, dans l'intérêt de la discussion, envisager séparément :

La production et la consommation en commun ;

La cohabitation — est-il nécessaire de la modeler sur la famille actuelle ?

Les communes isolées de notre temps ;

Les communes fédérées de l'avenir.

Et enfin, comme conclusion : le communisme amène-t-il nécessairement avec lui l'amoindrissement de l'individu ? Autrement dit : l'Individu dans la société communiste.

Pierre Kropotkine

***

Sous le nom de socialisme en général, un immense mouvement d'idées s'est accompli dans le courant de notre siècle, en commençaNt par Babeuf, Saint-Simon, Robert Owen et Proudhon, qui formulèrent les courants dominants du socialisme, et ensuite par leurs nombreux continuateurs français (Considérant, Pierre Leroux, Louis Blanc), allemands (Marx, Engels), russes (Tchernychevsky, Bakounine) etc., qui travaillèrent soit à populariser les idées des fondateurs du socialisme moderne, soit à les étayer sur des bases scientifiques.

Ces idées, en se précisant, engendraient deux courants principaux : le communisme autoritaire et le communisme anarchiste, ainsi qu'un certain nombre d'écoles intermédiaires, cherchant des compromis, tels que l'Etat seul capitaliste, le collectivisme, la coopération, tandis que, dans les masses ouvrières, elles donnaient naissance à un formidable mouvement ouvrier, qui cherche à grouper toute la masse des travailleurs par métiers pour la lutte contre le capital de plus en plus international.

Trois points essentiels ont été acquis par ce formidable mouvement d'idées et d'action, et ils ont déjà largement pénétré dans la conscience publique. Ce sont :

L'abolition du salariat — forme actuelle du servage ancien ;

L'abolition de l'appropriation individuelle de tout ce qui doit servir à la production ;

Et l'émancipation de l'individu et de la société du rouage politique, l'Etat, qui sert à maintenir la servitude économique.

Sur ces trois points l'accord est assez prêt de s'établir ; car ceux mêmes qui préconisent les « bons de travail », ou bien disent (comme Brousse) : « Tous fonctionnaires ! » c'est-à-dire « tous salariés de l'Etat ou de la commune », admettant qu'ils préconisent ces palliatifs uniquement parce qu'ils ne voient pas la possibilité immédiate du communisme. Ils acceptent ces compromis comme un pis aller. Et, quant à l'Etat, ceux-là mêmes qui restent partisans acharnés de l'Etat, de l'autorité, voire même de la dictature, reconnaissent que lorsque les classes que nous avons aujourd'hui auront cessé d'exister, l'Etat devra disparaître avec elles.

On peut donc dire, sans rien exagérer de l'importance de notre fraction du mouvement socialiste — la fraction anarchiste — que malgré les divergences qui se produisent entre les diverses fractions socialistes et qui s'accentuent surtout par la différence des moyens d'action plus ou moins révolutionnaires acceptés par chacune d'elles, on peut dire que toutes, par la parole de leurs penseurs, reconnaissent, pour point de mire, le communisme libertaire. Le reste, de leur propre aveu, ne sont que des étapes intermédiaires.

**

Toute discussion des étapes à traverser serait oiseuse, si elle ne se basait sur l'étude des tendances qui se font jour dans la société actuelle. Et, de ces tendances diverses, deux méritent surtout notre attention.

L'une est qu'il devient de plus en plus difficile de déterminer la part qui revient à chacun dans la production actuelle. L'industrie et l'agriculture modernes deviennent si compliquées, si enchevêtrées, toutes les industries sont si dépendantes les unes des autres, que le système de paiement du producteur-ouvrier par les résultats devient impossible. Aussi voyons-nous que plus une industrie est développée, plus le salaire aux pièces disparaît pour être remplacé par un salaire à la journée. Celui-ci, d'autre part, tend à s'égaliser. La société bourgeoise actuelle reste certainement divisée en classes, et nous avons toute une classe de bourgeois dont les émoluments grandissent en proportion inverse du travail qu'ils font : plus ils sont payés, moins ils travaillent. D'autre part, dans la classe ouvrière elle-même, nous voyons quatre divisions : les femmes, les travailleurs agricoles, les travailleurs qui font du travail simple, et enfin ceux qui ont un métier plus ou moins spécial. Ces divisions représentent quatre degrés d'exploitation et ne sont que des résultats de l'organisation bourgeoise.

Mais, dans une société d'égaux, où tous pourront apprendre un métier et où l'exploitation de la femme par l'homme, et du paysan par l'industriel, cessera, ces classes disparaîtront. Et aujourd'hui même, dans chacune de ces classes les salaires tendent à s'égaliser. C'est ce qui fait dire, avec raison, qu'une journée de travail d'un terrassier vaut celle d'un joaillier, et ce qui a fait penser à Robert Owen aux bons de travail, payés à chacun de ceux qui ont donné tant d'heures de travail à la production des choses reconnues nécessaires.

Cependant, quand nous considérons l'ensemble des tentatives de socialisme, nous voyons, qu'à part l'union de quelques mille fermiers aux Etats-Unis, le bon de travail n'a pas fait son chemin depuis les trois quarts de siècle qui sont passés depuis la tentative faite par Owen de l'appliquer. Et nous en avons fait ressortir ailleurs (*Conquête du Pain* ; *le Salariat*) les raisons.

Par contre, nous voyons se produire une masse de tentatives partielles de socialisation dans la direction du Communisme. Des centaines de communes communistes ont été fondées durant ce siècle, un peu partout, et en ce moment même nous en connaissons plus d'une centaine — toutes plus ou moins communistes.

C'est aussi dans le sens du communisme — *partiel, bien entendu* — que se font presque toutes les nombreuses tentatives de socialisation qui surgissent dans la société bourgeoise, soit entre particuliers, soit dans la socialisation des choses municipales.

L'hôtel, le bateau à vapeur, la pension sont tous des essais faits dans cette direction, par les bourgeois. En échange d'une contribution de tant par jour, vous avez le choix des dix ou cinquante plats qui vous sont offerts, dans l'hôtel ou sur le bateau, et personne ne contrôle la quantité de ce que vous avez mangé. Cette organisation s'étend même internationalement, et avant de partir de Paris ou ou de Londres vous pouvez vous munir de bons (à raison de 10 francs par jour) qui vous permettent de vous arrêter à volonté dans des centaines d'hôtels en France, en Allemagne, en Suisse, etc., appartenant tous à la Ligue internationale des hôtels.

Les bourgeois ont très bien compris les avantages du communisme partiel, combiné avec une liberté presque entière de l'individu, *pour la consommation* ; et dans toutes ces institutions, pour un prix de tant par mois, on se charge de satisfaire tous vos besoins de logement et de nourriture, sauf ceux de luxe extra (vins, chambres spécialement luxueuses), que vous payez séparément.

L'assurance contre l'incendie (surtout dans les villages où une certaine égalité de conditions permet une prime égale pour tous les habitants), contre l'accident, contre le vol ; cet arrangement qui permet aux grands magasins anglais de vous fournir chaque semaine, à raison d'un shilling par semaine, tout le poisson que vous consommerez dans une petite famille ; le club ; les sociétés sans nombre d'assurance en cas de maladie, etc., etc., toute cette immense série d'institutions nées dans le courant de ce siècle, rentrent dans la même catégorie des rapprochements vers le communisme pour une certaine partie de la consommation.

Et enfin nous avons toute une vaste série d'institutions municipales — eau, gaz, électricité, maisons ouvrières, tramways à taux uniforme, force motrice, etc., — dans lesquelles les mêmes tentatives de socialisation de la consommation sont appliquées sur une échelle qui s'élargit tous les jours davantage.

Tout cela n'est certainement pas encore du communisme. Loin de là. Mais le principe qui prévaut dans ces institutions contient une part du principe communiste : — *Pour une contribution de tant par an ou par jour* (en argent aujourd'hui, en travail demain), *vous avez droit de satisfaire telle catégorie de vos besoins — le luxe excepté.*

Pour être communistes, il manque à ces ébauches de communisme bien des choses, dont deux surtout sont essentielles : 1° le paiement fixe se fait en argent, au lieu de se faire en travail ; et 2° les consommateurs n'ont pas de voix dans l'administration de l'entreprise. Cependant si l'idée, la tendance de ces institutions était bien comprise, il n'y aurait aucune difficulté, *aujourd'hui même*, de lancer par entreprise privée ou sociétaire, une commune, dans laquelle le premier point serait réalisé. Ainsi, supposons un terrain de 500 hectares. Deux cents maisonnettes, chacune entourée d'un quart d'hectare de jardin ou de potager, sont bâties sur ce terrain. L'entreprise donne à chaque famille qui occupe une de ces maisons, à choisir sur cinquante plats par jour tout ce qu'ils voudront, ou bien elle leur fournit le pain, les légumes, la viande, le café à volonté, pour être cuits à domicile. Et, en échange, elle demande, soit tant par an payé en argent, soit tant d'heures de travail de l'établissement : agriculture, élève du bétail, cuisine, service de propreté. Cela peut se faire déjà demain si l'on veut ; et on peut s'étonner qu'une pareille ferme-hôtel n'ait pas déjà été

Pierre Kropotkine

lancée par quelque hôtelier entreprenant.

***

On remarquera, sans doute, que c'est ici, en introduisant le travail en commun, que les communistes ont généralement échoué. Et cependant l'objection ne pourrait pas être soutenue. Les causes des échecs ont toujours été ailleurs.

D'abord, presque toutes les communes furent fondées à la suite d'un élan d'enthousiasme quasi religieux. On demandait aux hommes d'être « des pionniers de l'humanité », de se soumettre à des règlements de morale minutieux, de se refaire entièrement par la vie communiste, de donner tout leur temps, pendant les heures de travail et en dehors de ces heures, à la commune, de vivre entièrement pour la commune.

C'était faire comme font les moines et demander aux hommes — sans aucune nécessité — d'être ce qu'ils ne sont pas. Ce n'est que tout récemment que des communes furent fondées par des ouvriers anarchistes sans aucune prétention, dans un but purement économique — celui de se soustraire à l'exploitation patronale.

L'autre faute était toujours de modeler la commune sur la famille et de vouloir en faire « la grande famille ». Pour cela, on vivait sous un même toit, forcé toujours, à chaque instant, d'être en compagnie des mêmes « frères et sœurs ». Or, si deux frères trouvent souvent difficile de vivre sous un même toit, si la vie de famille ne réussit pas à tous, c'était une erreur fondamentale que d'imposer à tous « la grande famille », au lieu de chercher, au contraire, à garantir autant que possible la liberté et le chez soi de chacun.

En outre, une *petite* commune ne peut pas vivre. Les « frères et sœurs », forcés au contact continuel, avec la pauvreté d'impressions qui les entoure, finissent par se détester. Mais il suffit que deux personnes, devenant deux rivaux, ou simplement ne se supportant pas l'une l'autre, puissent par leur brouille amener la dissolution d'une commune. Il serait étrange si cette commune vivait, d'autant plus que toutes les communes fondées jusqu'à ce jour s'isolaient du monde entier. Il faut se dire d'avance qu'une association étroite

Communisme et anarchie

de dix, vingt, cent personnes ne pourra durer que trois ou quatre années. Si elle durait plus, ce serait même regrettable, puisque cela prouverait seulement, ou que tous se sont laissés subjuguer par un seul, ou que tous ont perdu leur individualité. Etpuisqu'il est *certain* que dans trois, quatre ou cinq années, une partie des membres de la commune voudra se séparer, il faudrait au moins avoir une dizaine ou plus de communes fédérées, afin que ceux qui, pour une raison ou une autre, voudront quitter telle commune puissent entrer dans une autre commune et être remplacés, par des personnes venant d'autres groupes. Autrement la ruche communiste doit nécessairement périr, ou tomber (comme cela arrive presque toujours) aux mains d'un seul — généralement « le frère » plus malin que les autres.

Enfin, toutes les communes fondées jusqu'à ce jour se sont isolées de la société. Mais la lutte, une vie de lutte, est, pour l'homme actif, un besoin bien plus pressant qu'une table bien servie. Ce besoin de voir le monde, de se lancer dans son courant, de lutter ses luttes, de souffrir ses souffrances, est d'autant plus pressant pour la jeune génération. C'est pourquoi (comme le remarque Tchaïkovsky par expérience) les jeunes, dès qu'ils ont atteint dix-huit ou vingt ans, quittent nécessairement une commune qui ne fait pas partie de la société entière.

Inutile d'ajouter que le gouvernement, quel qu'il soit, a toujours été la pierre d'achoppement la plus sérieuse pour toutes les communes. Celles qui ont eu que fort peu ou n'en ont pas du tout (comme la jeune Icarie) ont encore le mieux réussi. Cela se comprend. Les haines politiques sont des plus violentes. Nous pouvons vivre, dans une ville, à côté de nos adversaires politiques, si nous ne sommes pas forcés de la coudoyer à chaque instant. Mais comment vivre, si l'on est forcé, dans une petite commune, de se voir à chaque moment ? La lutte politique se transporte dans l'atelier, dans la chambre de travail, dans la chambre de repos, et la vie devient impossible.

Par contre, il a été prouvé et archi-prouvé que le travail communiste, la production communiste, réussissent à merveille. Dans aucune entreprise commerciale, la plus-value donnée à la terre par le travail n'a été aussi grande qu'elle l'a été dans *chacune* des communes fondées soit en Amérique, soit en

Pierre Kropotkine

Europe. Certainement, il y a eu partout des fautes d'aménagement, comme il y en a dans toute entreprise capitaliste ; mais, puisqu'on sait que la proportion des faillites *commerciales* est d'environ quatre sur cinq, dans les premières cinq années après leur fondation, on doit reconnaître que rien de semblable à cette énorme proportion ne se rencontre dans les communes communistes. Aussi, quand la presse bourgeoise fait de l'esprit et parle d'offrir aux anarchistes une île pour y établir leur commune — forts de l'expérience, nous sommes prêts à accepter cette proposition, à condition seulement que cette île soit, par exemple, l'Ile-de-France et que, évaluation faite du capital social, nous en recevions notre part. Seulement, comme nous savons qu'on ne nous donnera ni l'Ile-de-France ni notre part du capital social, nous prendrons un jour l'un et l'autre, nous-mêmes, par la Révolution sociale. Paris et Barcelone, en 1871, n'en furent pas si terriblement loin que ça — et les idées ont progressé depuis.

Surtout que le progrès est en ce que nous comprenons qu'une *ville*, seule, se mettant en commune, trouverait de la difficulté à vivre. L'essai devrait être commencé conséquemment sur *un territoire* — celui, par exemple, d'un des Etats de l'Ouest, Idaho, ou Ohio, — nous disent les socialistes américains — et ils ont raison. C'est sur un territoire assez grand, comprenant ville et campagne — et non pas dans une ville seule — qu'il faudra, en effet, se lancer un jour vers l'avenir communiste.

***

Nous avons si souvent démontré que le communisme étatiste est impossible, qu'il serait inutile d'insister sur ce sujet. Le preuve en est d'ailleurs dans ce fait que les étatistes eux-mêmes, les défenseurs de l'Etat socialiste, n'y croient pas eux-mêmes. Les uns, occupés à conquérir une partie du pouvoir *dans l'État actuel* — l'État bourgeois — ne s'occupent même pas de préciser ce qu'ils comprennent par un État socialiste qui ne serait cependant pas *l'Etat seul capitaliste,* et *tous salariés de l'État.* Quand nous leur disons que c'est cela qu'ils veulent, ils se fâchent ; mais ils ne précisent pas quelle autre forme d'organisation ils entendent établir.

Communisme et anarchie

Puisqu'ils ne croient pas à la possibilité d'une*prochaine* révolution sociale, leur but est de devenir partie du gouvernement dans l'État bourgeois actuel, et ils laissent à l'avenir de déterminer où l'on aboutira.

Quant à ceux qui ont essayé de dessiner l'État socialiste, accablés de nos critiques, ils nous répondent que tout ce qu'ils veulent, c'est des bureaux de statistiques. Mais ceci n'est qu'un jeu de mots. On sait d'ailleurs aujourd'hui que la seule statistique valable est celle qui est faite par l'individu lui-même, donnant son âge, son sexe, son occupation, sa position sociale, ou bien la liste de ce qu'il a vendu ou acheté.

Les questions à poser à l'individu sont généralement élaborées par les volontaires (savants, sociétés de statistique) et le rôle des bureaux de statistique se réduit aujourd'hui à distribuer les questionnaires, à classer les fiches, et à additionner au moyen des machines d'addition. Réduire ainsi l'État, le gouvernement, à ce rôle, et dire que par gouvernement *on ne comprend que cela*, signifie (quand c'est dit sincèrement) faire tout bonnement une retraite honorable. Et, en effet, il faut reconnaître que les jacobins d'il y a trente ans en ont immensément rabattu sur leur idéal de dictature et de centralisation socialiste. Personne n'oserait plus dire aujourd'hui que la consommation et la production des pommes de terre ou du riz doivent être réglées par le Parlement du *Volksstaat* (État populaire) allemand à Berlin. Ces bêtises ne se disent plus.

***

L'État communiste étant une utopie abandonnée par ses propres créateurs, il est temps d'aller plus loin. Ce qui est bien plus important, en effet, à étudier, c'est la question de savoir si le communisme anarchiste ou le communisme libertaire ne doit pas nécessairement amener, lui aussi, un amoindrissement de la liberté individuelle.

Le fait est que dans toutes les discussions sur la liberté, nos idées se trouvent obscurcies par les survivances des siècles de servage et d'oppression religieuse que nous avons vécus.

Les économistes ont représenté le contrat forcé, conclu sous la menace de la faim entre le patron et l'ouvrier, comme un état de liberté. Les politiciens, d'autre part, ont décrit comme un état de liberté celui dans lequel on trouve aujourd'hui le citoyen devenu serf et contribuable de l'État. Leur erreur est donc évidente. Mais les moralistes les plus avancés, tels Mill et ses très nombreux élèves, en déterminant la liberté comme le droit de faire tout, sauf d'empiéter sur la liberté égale des autres, ont aussi inutilement limité la liberté. Sans dire que le mot « droit » est un héritage très confus du passé, qui ne dit rien ou qui en dit trop, — la détermination de Mill a permis au philosophe Spencer, à une quantité sans nombre d'écrivains, et même à quelques anarchistes individualistes de reconstituer le tribunal et la punition légale, jusqu'à la peine de mort — c'est-à-dire forcément, en dernière analyse, l'État dont ils avaient fait eux-mêmes une admirable critique. L'idée du libre arbitre se cache au fond de tous ces raisonnements.

Voyons donc, qu'est-ce que la Liberté ?

Laissant de côté les actes irréfléchis et prenant seulement les actes réfléchis (que la loi, les religions et les systèmes pénaux cherchent seuls à influencer), chaque acte de ce genre est précédé d'une certaine discussion dans le cerveau humain : — « Je vais sortir, me promener », pense tel homme… — « Mais non, j'ai donné rendez-vous à un ami, ou bien j'ai promis de finir tel travail, ou bien ma femme et mes enfants seront tristes de rester seuls, ou bien enfin je perdrai ma place si je ne me rends pas à mon travail. »

Cette dernière réflexion implique, comme on le voit, la crainte d'une punition, tandis que, dans les trois premières, l'homme n'a affaire qu'avec soi-même, avec ses habitudes de loyauté, ses sympathies. Et là est toute la différence. Nous disons que l'homme qui est forcé de faire cette dernière réflexion : « Je renonce à tel plaisir en vue de telle punition », n'est pas un homme libre. Et nous affirmons que l'humanité *peut* et qu'elle *doit* s'émanciper de la peur des punitions ; qu'elle *peut* constituer une société anarchiste, dans laquelle la peur d'une punition et même le déplaisir d'être blâmé disparaîtront. C'est vers cet idéal que nous marchons.

Mais nous savons aussi que nous ne pouvons pas nous émanciper, ni de nos habitudes de loyauté (tenir promesse), ni de nos sympathies (la peine de causer une peine à ceux que nous aimons ou que nous ne voulons pas chagriner ou même désappointer). Sous ce dernier rapport, l'homme *n'est jamais libre.* Robinson dans son île ne l'était pas. Une fois qu'il avait commencé son bateau, et cultivé un jardin, ou qu'il avait commencé déjà à faire ses provisions pour l'hiver, il était déjà pris, engrené par son travail. S'il se sentait paresseux et préférait rester couché dans sa caverne, il hésitait un moment, mais il se rendait néanmoins au travail commencé. Dès qu'il eut pour compagnon son chien, dès qu'il eut deux ou trois chèvres, et surtout dès qu'il rencontra Vendredi, il n'était plus *absolument libre*, dans le sens que l'on attribue souvent à ce mot dans les discussions. Il avait des *obligations*, il devait songer à l'*intérêt d'autrui*, il n'était plus cet *individualiste parfait* dont on aime à nous entretenir. Du jour qu'il aime une femme, ou qu'il a des enfants, soit élevés par lui-même, soit confiés à d'autres (la société), du jour où il a seulement une bête domestique — voire même un potager qui demande à être arrosé à certaines heures, — l'homme n'est plus le « je-m'enfichiste », « l'égoïste », « l'individualiste » imaginaires que l'on nous donne quelquefois comme type de l'homme libre. Ni dans l'île de Robinson, ni encore moins dans la société, *quelle qu'elle soit*, ce type n'existe. L'homme prend *et prendra* en considération les intérêts des autres hommes, toujours davantage à mesure qu'il s'établira entre eux des rapports d'intérêts mutuels plus étroits, et que ces autres affirmeront plus nettement eux-mêmes leurs sentiments et leurs désirs.

Ainsi donc nous ne trouvons d'autre détermination pour la liberté que celle-ci : *la possibilité d'agir, sans faire intervenir dans les décisions à prendre la crainte d'un châtiment sociétaire* (contrainte de corps, menace de la faim, ou même le blâme, à moins qu'il ne vienne d'un ami).

***

Comprenant la liberté de cette façon, — et nous doutons que l'on puisse trouver une détermination plus large, et en même temps réelle, de la liberté — nous pouvons dire certainement que le

Pierre Kropotkine

communisme *peut* diminuer, tuer même toute liberté individuelle, et dans mainte commune communiste on l'a essayé ; mais qu'*il peut aussi agrandir cette liberté jusqu'à ses dernières limites.*

Tout dépendra des idées fondamentales avec lesquelles on voudra s'associer. *Ce n'est pas la forme de l'association qui détermine en ce cas la servitude : ce seront les idées sur la liberté individuelle que l'on apportera dans l'association qui en détermineront le caractère plus ou moins libertaire.*

Ceci est juste concernant n'importe quelle forme d'association. La cohabitation de deux individus dans un même logement peut amener l'asservissement de l'un à la volonté de l'autre, comme elle peut amener la liberté pour l'un et pour l'autre. De même dans la famille. De même si nous nous mettons à deux à remuer le sol d'un potager, ou à faire un journal. De même pour toute association, si petite ou si nombreuse qu'elle soit. De même pour toute institution sociale. Ainsi, au dixième, onzième et douzième siècle, nous voyons la commune d'égaux, d'hommes également libres, anxieuse de maintenir cette liberté et cette égalité — et quatre cents ans plus tard nous voyons cette même commune appelant la dictature d'un moine ou d'un roi. Les institutions communales restent ; mais l'idée du droit romain, de l'Etat, domine, tandis que celle de la liberté, d'arbitrage dans les disputes et de fédération à tous les degrés disparaît — et c'est la servitude.

Eh bien, de toutes les institutions, de toutes les formes de groupement social qui furent essayées jusqu'à ce jour, c'est encore le communisme qui garantit le plus de liberté à l'individu — pourvu que l'idée mère de la commune soit la Liberté, l'Anarchie.

Le communisme est capable de revêtir toutes les formes de liberté ou d'oppression — ce que d'autres institutions ne peuvent pas. Il peut produire un couvent, dans lequel tous obéiront implicitement à leur supérieur ; et il peut être une association absolument libre, laissant à l'individu toute sa liberté — une association qui ne dure qu'autant que les associés veulent rester ensemble, n'imposant rien à personne ; jalouse au contraire d'intervenir pour défendre la liberté de l'individu, l'agrandir, l'étendre dans toutes les directions. Il peut être autoritaire (auquel cas la commune périt bientôt) et il peut être anarchiste. L'État, au contraire, ne le peut pas. Il est autoritaire ou bien il cesse d'être État.

Le communisme garantit, mieux que toute autre forme de gouvernement, la liberté économique puisqu'il peut garantir le bien-être et même le luxe, en ne demandant à l'homme que quelques heures de travail par jour, au lieu de toute sa journée. Or, donner à l'homme le loisir pour dix ou onze heures sur les seize que nous vivons chaque jour de la vie consciente (huit pour le sommeil), c'est déjà élargir la liberté de l'individu à un point qui est l'idéal de l'humanité depuis des milliers d'années. Aujourd'hui, avec les moyens de la production moderne à la machine, cela peut se faire. Dans une société communiste, l'homme pourrait disposer de dix heures, au moins, de loisir. Et c'est déjà l'affranchissement de la plus lourde des servitudes qui pèse sur l'homme. C'est un agrandissement de la liberté.

Reconnaître tous égaux et renoncer au gouvernement de l'homme par l'homme, c'est encore élargir la liberté de l'individu à un point qu'aucune autre force de groupement n'a même pas admis dans ses rêves. Elle ne devient possible que lorsque le premier pas a été fait : lorsque l'homme a son existence garantie et qu'il n'est pas forcé de vendre sa force et son intelligence à celui qui veut bien lui faire l'aumône de l'exploiter.

Enfin, reconnaître que la base de tout progrès est la variété des occupations et s'organiser de façon que l'homme soit absolument libre aux heures de loisir, mais puisse aussi varier son travail, et que dès son enfance l'éducation le prépare à cette variété — et c'est facile à obtenir sous un régime communiste — c'est encore affranchir l'individu et ouvrir devant lui les portes larges pour son développement complet dans toutes les directions.

Pour le reste, tout dépend des idées avec lesquelles la commune sera fondée. Nous connaissons une commune religieuse, dans laquelle l'homme, s'il se sentait malheureux et trahissait sa tristesse sur son visage, se voyait accosté par un « frère » qui lui disait : « Tu es triste ? Aie l'air gai tout de même, autrement tu attristes les frères et les sœurs. » Et nous connaissons une commune de sept personnes dont l'un des membres demandait la nomination de quatre comités : de jardinage, de subsistances, de ménage et d'exportation, avec droits absolus, pour le président de chaque comité. Il y a certainement eu des communes fondées, ou envahies après leur fondation, par des « criminels de l'autorité » (type spécial recommandé à l'attention de M. Lombroso), et nombre de communes furent fondées par des maniaques de l'absorption de l'individu par la société. Mais ce n'est pas l'institution communiste qui les a produits : c'est le christianisme (éminemment autoritaire dans son essence) et le droit romain, l'État. C'est l'idée mère étatiste de ces hommes, habitués à penser que sans licteurs et sans juges il n'y a point de société possible, qui reste une menace permanente à toute liberté, et non l'idée mère du communisme qui est de consommer et de produire sans compter la part exacte de chacun. Celle-ci, au contraire, est une idée de liberté, d'affranchissement.

Nous pouvons ainsi poser les conclusions suivantes.

Jusqu'à présent les tentatives communistes ont échoué parce que :

Elles se basaient sur un élan d'ordre religieux, au lieu de voir dans la commune simplement un mode de consommation et de production économiques ;

Elles s'isolaient de la société ;

Elles étaient imbues d'un esprit autoritaire ;

Elles étaient isolées, au lieu de se fédérer ;

Elles demandaient aux fondateurs une quantité de travail qui ne leur laissait pas de loisir ;

Elles étaient calquées sur la famille patriarcale, autoritaire, au lieu de se proposer, au contraire, pour but l'affranchissement aussi complet que possible de l'individu.

Institution éminemment économique, le communisme ne préjuge en rien la part de liberté qui y sera garantie à l'individu, à l'initiateur, au révolté contre les coutumes tendant à se cristalliser. Il *peut* être autoritaire, ce qui amène forcément la mort de la commune, et il *peut* être libertaire, ce qui amena au douzième siècle, même avec le communisme partiel des jeunes cités d'alors, la création d'une nouvelle civilisation, d'un renouveau de l'Europe.

Cependant la seule forme de communisme qui pourrait durer est celle où, vu le contact déjà serré entre citoyens, tout sera fait pour étendre la liberté de l'individu dans toutes les autres directions.

Dans ces conditions, sous l'influence de cette idée, la liberté de l'individu, augmentée par tout le loisir acquis, ne serait pas plus diminuée qu'elle ne l'est aujourd'hui par le gaz communal, la nourriture envoyée à domicile par les grands magasins, les hôtels modernes, ou le fait qu'aux heures de travail nous nous touchons les coudes avec des milliers de travailleurs.

Avec l'anarchie comme but et comme moyen, le communisme devient possible. Sans cela, il serait forcément la servitude et, comme telle, il ne pourrait exister.

Pierre Kropotkine

Le Principe anarchiste

À ses débuts, l'Anarchie se présenta comme une simple négation. Négation de l'État et de l'accumulation personnelle du Capital. Négation de toute espèce d'autorité. Négation encore des formes établies de la Société, basées sur l'injustice, l'égoïsme absurde et l'oppression, ainsi que de la morale courante, dérivée du Code romain, adopté et sanctifié par l'Église chrétienne. C'est sur cette lutte, engagée contre l'autorité, née au sein même de l'Internationale, que le parti anarchiste se constitua comme parti révolutionnaire distinct.

Il est évident que des esprits aussi profonds que Godwin, Proudhon et Bakounine, ne pouvaient se borner à une simple négation. L'affirmation — la conception d'une société libre, sans autorité, marchant à la conquête du bien-être matériel, intellectuel et moral — suivait de près la négation ; elle en faisait la contrepartie. Dans les écrits de Bakounine, aussi bien que dans ceux de Proudhon, et aussi de Stirner, on trouve des aperçus profonds sur les fondements historiques de l'idée anti-autoritaire, la part qu'elle a joué dans l'histoire, et celle qu'elle est appelée à jouer dans le développement futur de l'humanité.

« Point d'État », ou « point d'autorité », malgré sa forme négative, avait un sens profond affirmatif dans leurs bouches. C'était un principe philosophique et pratique en même temps, qui signifiait que tout l'ensemble de la vie des sociétés, tout, — depuis les rapports quotidiens entre individus jusqu'aux grands rapports des races par-dessus les Océans, — pouvait et devait être réformé, et serait nécessairement réformé, tôt ou tard, selon les principes de l'anarchie — la liberté pleine et entière de l'individu, les groupements naturels et temporaires, la solidarité, passée à l'état d'habitude sociale.

Voilà pourquoi l'idée anarchiste apparut du coup grande, rayonnante, capable d'entraîner et d'enflammer les meilleurs esprits de l'époque.

Disons le mot, elle était philosophique.

Aujourd'hui on rit de la philosophie. On n'en riait cependant pas du temps du Dictionnaire philosophique de Voltaire, qui, en mettant la philosophie à la portée de tout le monde et en invitant tout le monde à acquérir des notions générales de toutes choses, faisait une œuvre révolutionnaire, dont on retrouve les traces, et dans le soulèvement des campagnes, et dans les grandes villes de 1793, et dans l'entrain passionné des volontaires de la Révolution. À cette époque là, les affameurs redoutaient la philosophie.

Mais les curés et les gens d'affaires, aidés des philosophes universitaires allemands, au jargon incompréhensible, ont parfaitement réussi à rendre la philosophie inutile, sinon ridicule. Les curés et leurs adeptes ont tant dit que la philosophie c'est de la bêtise, que les athées ont fini par y croire. Et les affairistes bourgeois, — les opportunards blancs, bleus et rouges — ont tant ri du philosophe que les hommes sincères s'y sont laissé prendre. Quel tripoteur de la Bourse, quel Thiers, quel Napoléon, quel Gambetta ne l'ont-ils pas répété, pour mieux faire leurs affaires ! Aussi, la philosophie est passablement en mépris aujourd'hui.

Eh bien, quoi qu'en disent les curés, les gens d'affaires et ceux qui répètent ce qu'ils ont appris, l'Anarchie fut comprise par ses fondateurs comme une grande idée philosophique. Elle est, en effet, plus qu'un simple mobile de telle ou telle autre action. Elle est un grand principe philosophique. Elle est une vue d'ensemble qui résulte de la compréhension vraie des faits sociaux, du passé historique de l'humanité, des vraies causes du progrès ancien et moderne. Une conception que l'on ne peut accepter sans sentir se modifier *toutes* nos appréciations, grandes ou petites, des grands phénomènes sociaux, comme des petits rapports entre nous tous dans notre vie quotidienne.

Elle est un principe de lutte de tous les jours. Et si elle est un principe puissant dans cette lutte, c'est qu'elle résume les aspirations profondes des masses, un principe, faussé par la science étatiste et foulé aux pieds par les oppresseurs, mais toujours vivant et actif, toujours créant le progrès, malgré et contre tous les oppresseurs.

Elle exprime une idée qui, de tout temps, depuis qu'il y a des sociétés, a cherché à modifier les rapports mutuels, et un jour les transformera, depuis ceux qui s'établissent entre hommes renfermés dans la même habitation, jusqu'à ceux qui pensent s'établir en groupements internationaux.

Pierre Kropotkine

Un principe, enfin, qui demande la reconstruction entière de toute la science, physique, naturelle et sociale.

***

Ce côté *positif*, reconstructeur de l'Anarchie n'a cessé de se développer. Et aujourd'hui, l'Anarchie a à porter sur ses épaules un fardeau autrement grand que celui qui se présentait à ses débuts.

Ce n'est plus une simple lutte contre des camarades d'atelier qui se sont arrogé une autorité quelconque dans un groupement ouvrier. Ce n'est plus une simple lutte contre des chefs que l'on s'était donné autrefois, ni même une simple lutte contre un patron, un juge ou un gendarme.

C'est tout cela, sans doute, car sans la lutte de tous les jours à quoi bon s'appeler révolutionnaire ? L'idée et l'action sont inséparables, si l'idée a en prise sur l'individu ; et sans action, l'idée même s'étiole.

Mais c'est encore bien plus que cela. C'est la lutte entre deux grands principes qui, de tout temps, se sont trouvés aux prises dans la Société, le principe de liberté et celui de coercition : deux principes, qui en ce moment-même, vont de nouveau engager une lutte suprême, pour arriver nécessairement à un nouveau triomphe du principe libertaire.

Regardez autour de vous. Qu'en est-il resté de tous les partis qui se sont annoncés autrefois comme partis éminemment révolutionnaires ? — deux partis seulement sont seuls en présence : le parti de la coercition et le parti de la liberté ; Les Anarchistes, et, contre eux, — *tous* les autres partis, quelle qu'en soit l'étiquette.

C'est que contre tous ces partis, les anarchistes sont seuls à défendre en son entier le principe de la liberté. Tous les autres se targuent de rendre l'humanité heureuse en changeant, ou en adoucissant la forme du fouet. S'ils crient « à bas la corde de chanvre du gibet », c'est pour la remplacer par le cordon de soie, appliqué sur le dos. Sans fouet, sans coercition, d'une sorte ou d'une autre, — sans le fouet du salaire ou de la faim, sans celui du juge ou du gendarme, sans celui de la punition sous une forme ou sur une autre, — ils ne peuvent concevoir la société. Seuls, nous osons affirmer que punition, gendarme, juge, faim et salaire n'ont jamais été, et ne seront jamais un élément de progrès ; et que sous un régime qui reconnaît ces instruments de coercition, si progrès il y a, le progrès est acquis *contre* ces instruments, et non pas *par* eux.

Voilà la lutte que nous engageons. Et quel jeune cœur honnête ne battra-t-il pas à l'idée que lui aussi peut venir prendre part à cette lutte, et revendiquer contre toutes les minorités d'oppresseurs la plus belle part de l'homme, celle qui a fait tous les progrès qui nous entourent et qui, malgré dela, pour cela même fut toujours foulée aux pieds !

— Mais ce n'est pas tout.

Depuis que la divison entre le parti de la liberté et le parti de la coercition devient de plus en plus prononcée, celui-ci se cramponne de plus en plus aux formes mourantes du passé.

Il sait qu'il a devant lui un principe puissant, capable de donner une force irrésistible à la révolution, si un jour il est bien compris par les masses. Et il travaille à s'emparer de chacun des courants qui forment ensemble le grand courant révolutionnaire. Il met la main sur la pensée communaliste qui s'annonce en France et en Angleterre. Il cherche à s'emparer de la révolte ouvrière contre le patronat qui se produit dans le monde entier.

Et, au lieu de trouver dans les socialistes moins avancés que nous des auxilliaires, nous trouvons en eux, dans ces deux directions, un adversaire adroit, s'appuyant sur toute la force des préjugés acquis, qui fait dévier le socialisme dans des voies de traverse et finira par effacer jusqu'au sens socialiste du mouvement ouvrier, si les travailleurs ne s'en aperçoivent à temps et n'abandonnent pas leurs chefs d'opinion actuels.

L'anarchiste se voit ainsi forcé de travailler sans relâche et sans perte de temps dans toutes ces directions.

Il doit faire ressortir la partie grande, philosophique du principe de l'Anarchie. Il doit l'appliquer à la science, car par cela, il aidera à remodeler les idées : il entamera les mensonges de l'histoire, de l'économie sociale, de la philosophie, et il aidera à ceux qui le font déjà, souvent inconsciemment, par amour de la vérité scientifique,

Pierre Kropotkine

à imposer le cachet anarchiste à la pensée du siècle.

Il a à soutenir la lutte et l'agitation de tous les jours contre oppresseurs et préjugés, à maintenir l'esprit de révolte partout où l'homme se sent opprimé et possède le courage de se révolter.

Il a à déjouer les savantes machinations de tous les partis, jadis alliés, mais aujourd'hui hostiles, qui travaillent à faire dévier dans des voies autoritaires, les mouvements nés comme révolte contre l'oppression du Capital et de l'État.

Et enfin, dans toutes ces directions il a à trouver, à deviner par la pratique même de la vie, les formes nouvelles que les groupements, soit de métier, soit territoriaux et locaux, pourront prendre dans une société libre, affranchie de l'autorité des gouvernements et des affameurs.

La grandeur de la tâche à accomplir n'est-elle pas la meilleure inspiration pour l'homme qui se sent la force de lutter ? N'est-elle pas aussi le meilleur moyen pour apprécier chaque fait séparé qui se produit dans le courant de la grande lutte que nous avons à soutenir ?

ISBN : 978-1517551728

www.ingramcontent.com/pod-product-compliance
Lightning Source LLC
Chambersburg PA
CBHW062033280526
45787CB00005B/2307